Bibliografische Information der Deutschen Nationalbibliothek:

Die Deutsche Bibliothek verzeichnet diese Publikation in der Deutschen National-
bibliografie; detaillierte bibliografische Daten sind im Internet über http://dnb.d-
nb.de/ abrufbar.

Impressum:

Copyright © 2015 GRIN Verlag
Druck und Bindung: Books on Demand GmbH, Norderstedt Germany
ISBN: 9783668861565

Anja Falch

Was ist Alzheimer-Demenz? Krankheitsbild und Präventionsmaßnahmen

GRIN Verlag

Alzheimer

Persönlichkeits- und Verhaltensveränderungen von Alzheimer-Patienten und adäquate Kommunikationsmöglichkeiten

Vorgelegt von Anja Falch

Februar 2015

Abstract

Die Arbeit informiert über die Alzheimer-Demenz und beleuchtet das Krankheitsbild, die Diagnose und die verschiedenen Stadien dieser Demenzform genauer. Ebenfalls sind in meiner Arbeit einige Ratschläge enthalten, wie man einer Demenz vorbeugen kann und was mögliche Risikofaktoren sind. Ein besonderes Augenmerk gilt zudem der Kommunikation mit Alzheimer-Patienten und Patientinnen. Die Kommunikation ist deshalb so relevant, weil man mit Alzheimer-Kranken anders kommunizieren sollte als mit geistig gesunden Menschen. Hierbei beschreibt die Arbeit das Kommunikationsmodel der Validation nach Naomi Feil und das Kommunikationsmodell der Integrativen Validation nach Nicole Richard. Ich habe eine Literaturarbeit geschrieben und erhoffe mir, dass ich den Lesern und den Leserinnen dieser Arbeit neue, genauere, und spannende Informationen zu dieser Demenzform bieten kann. Es hat sich gezeigt, dass die Alzheimer-Demenz eine sehr interessante und zugleich komplizierte Krankheit ist über die noch sehr viel unerforscht ist. Es gibt jedoch viele Möglichkeiten für die Betroffenen und deren Angehörige, um das Leben mit dieser unheilbaren Krankheit zu erleichtern.

Inhalt

1 Einleitung

Ich habe meine vorwissenschaftliche Arbeit im geisteswissenschaftlichen Bereich geschrieben und sie beinhaltet das Thema Demenz. Genauer gesagt liegt das Augenmerk auf der Alzheimer-Demenz. Meines Erachtens ist dieses Thema in der heutigen Gesellschaft sehr relevant, da sich die Alzheimer-Demenz zu einer Art Volkskrankheit entwickelt und immer mehr Menschen darunter leiden. Ich will durch meine Arbeit einen genaueren Einblick in diese Krankheit geben. Das heißt, dass meine Arbeit grundlegende Informationen über die Alzheimer-Demenz gibt und deren Verlauf genauer beschreibt. Des Weiteren werde ich über die einzelnen Stadien der Alzheimer-Demenz informieren, in denen auch die Persönlichkeits- und Verhaltensveränderungen aufgezählt und beschrieben werden. Außerdem erkläre ich in meiner Arbeit, wie man die Alzheimer-Demenz diagnostiziert und nenne hierbei verschiedene Verfahren der Diagnosestellung. Ein weiterer wichtiger Teil meiner Arbeit ist die adäquate Kommunikation mit Alzheimer-Patienten und Patientinnen. In diesem Bereich informiert meine Arbeit vor allem über die Validation nach Naomi Veil und die Integrative Validation nach Nicole Richard. Um Antworten auf diese Fragen zu erhalten, habe ich eine Literaturarbeit geschrieben.

2 Annäherung an eine verbreitete Krankheit

Der Begriff Demenz leitet sich aus der lateinischen Vorsilbe „de"-„weg" und dem lateinischen Wort „Mens" –„Geist, Verstand" ab und bedeutet somit „weg vom Geist" beziehungsweise „ohne Geist".

Eine Leistungsabnahme des Gehirns und gelegentliche Vergesslichkeit sind Teil des normalen Alterungsprozesses. Der Übergang von einer normalen nicht akuten Vergesslichkeit zu einer Demenz erfolgt meist sukzessiv. Um sich sicher zu sein, dass man unter einer Demenz leidet, gibt es den sogenannten ICD-10, der den Begriff Demenz folgendermaßen definiert:

> *„Demenz ist ein Syndrom als Folge einer meist chronischen oder fortschreitenden Krankheit des Gehirns mit Störung vieler höherer kortikaler Funktionen einschließlich Gedächtnis, Denken, Orientierung, Auffassung, Rechnen, Lernfähigkeit, Sprache und Urteilsvermögen. Das Bewusstsein ist nicht getrübt. Diese kognitiven Beeinträchtigungen werden gewöhnlich von Veränderungen der emotionalen Kontrolle, des Sozialverhaltens oder der Motivation begleitet, gelegentlich treten diese auch eher auf. Dieses Syndrom kommt bei Alzheimer- Krankheit, bei zerebrovaskulären Störungen und bei anderen Zustandsbildern vor, die primär oder sekundär das Gehirn betreffen."* (Krollner Björn/ Krollner, Dirk M. 2014)

Der ICD-10 ist eine Klassifikation von Krankheiten und verwandten Gesundheitsproblemen, die international gültig ist. Der ICD-10 wird von der Weltgesundheitsorganisation (WHO) herausgegeben und liegt derzeit in der zehnten Version vor.

Das heißt also, dass bei einer Demenz die Funktionen und die Leistungsfähigkeiten des Gehirns abnehmen und die Betroffenen Schwierigkeiten mit ihrem Gedächtnis, ihrer Auffassungsgabe und ihrer Lernfähigkeit haben. Hinzu kommen dann noch Orientierungsprobleme und Beeinträchtigungen in der Sprachfähigkeit.

Im Moment sind circa 44Millionen Personen weltweit und in Österreich rund 120.000 Personen an einer Demenz erkrankt, wobei zu erwähnen ist, dass Frauen wesentlich häufiger an einer Demenz leiden als Männer, weil Frauen eine höhere Lebenserwartung haben. Experten und Expertinnen sind sich sicher, dass diese Zahl zukünftig auf mehr als das Doppelte ansteigen wird, da das Lebensalter der Menschen stetig ansteigt und somit auch das Risiko einer Demenzerkrankung größer wird. Im Jahr 2050 wird sich in Österreich die Zahl der Demenz-Erkrankten auf ungefähr 280.000 Erkrankte erhöhen. Zudem werden in Österreich jährlich zwei Milliarden Euro an Betreuungskosten ausgegeben (vgl. Müller/Dal-Bianco 2014, S.9).

Es gibt sehr viele verschiedene Formen von Demenz. Genauso gibt es auch viele unterschiedliche Ursachen für eine Demenzerkrankung. Die genaue Ursache der Alzheimer-Demenz ist noch nicht eindeutig geklärt und so sind noch sehr viele Fragen offen, obwohl auf diesem Gebiet seit Jahren sehr viel geforscht wird. Das liegt vor allem daran, weil das Gehirn sehr komplex gebaut ist. Man weiß nur, dass Eiweißablagerungen, sogenannte Plaques, und Neurofibrillenbündel, also faserförmige Ablagerungen eines Eiweißes, die Kommunikation und die Versorgung der Nervenzellen behindern. Dadurch sterben die Synapsen zwischen den Nervenzellen ab und das Gehirn schrumpft regelrecht zusammen.

Es gibt einige beeinflussbare und nicht beeinflussbare Risikofaktoren für eine Demenzerkrankung. Mögliche beeinflussbare Risikofaktoren sind Übergewichtigkeit, Bewegungsmangel, Bluthochdruck und Diabetes. Durch einen erhöhten Blutdruck erfolgt die Blutversorgung des Gehirns nicht optimal, wodurch die Nervenzellen beschädigt werden und sich dadurch leichter Plaques bilden. Ähnlich geschieht dies auch bei einer Diabetes-Erkrankung.

Auch ein geringer Bildungsgrad kann ein möglicher Risikofaktor einer Alzheimer-Erkrankung sein. Ein hohes Lebensalter ist der wohl signifikanteste Risikofaktor, welcher auch gleichzeitig unbeeinflussbar ist, denn die Alzheimer-Krankheit tritt meistens bei Personen auf, welche über 65 Jahre alt sind. Nur selten ist eine Erkrankung an Alzheimer erblich bedingt.

Um das Risiko einer Demenzerkrankung zu senken, ist vor allem ein gesunder Lebensstil wichtig. Hierbei kann man auf eine lateinische Weisheit „Mens sana in corpore sano"- „Ein gesunder Geist wohnt in einem gesunden Körper" (vgl. Müller/ Dal-Bianco 2014, S.107) zurückgreifen. Man sollte sich möglichst gesund und abwechslungsreich ernähren, das heißt viel Obst, Gemüse, Milchprodukte und Fisch essen. Fisch ist deshalb so gesund, weil er Omega-3- Fettsäuren enthält, welche in den Membranen der Gehirnzellen vorkommen und dort für die Übermittlung von Signalen zuständig sind. Ungesunde und fetthaltige Lebensmittel, wie zum Beispiel Fast Food, sollten vermieden werden. Ebenfalls sollte man im Alter weiterhin Sport betreiben, da Sport den Verlust von Nervenzellen schützt und Synapsen neu miteinander verknüpft werden. Zudem ist es wichtig, dass man auf einen gesunden Blutdruck achtet, nicht raucht und weiterhin Kopfarbeit leistet.

Der Begriff einer Alzheimer-Demenz ist in den letzten Jahren so häufig wie nie zuvor verwendet worden, da man sagen kann, dass die Krankheit mittlerweile zu einer Volkskrankheit geworden ist. Spricht man heutzutage von einer Demenz, so meinen wir oft gleich, dass von einer Alzheimer-Demenz die Rede ist. Es gibt jedoch nicht nur unterschiedliche Ursachen für eine Demenzerkrankung, sondern auch unterschiedliche Demenzformen. In der Medizin unterscheidet man deshalb zwischen den primären und den sekundären Demenzformen.

2.1 Primäre und sekundäre Demenzen im Vergleich

Die primären Demenzen sind mit neunzig Prozent die am stärksten ausgeprägten Demenzformen, die direkt im Gehirn beginnen und momentan leider auch unheilbar sind (vgl. Frohn/Staack 2012, S.33). Auch die Alzheimer -Demenz gehört zu dieser Form und ist mit einem Prozentsatz von 60 bis 80 Prozent die häufigste der primären Demenzformen. Andere Demenzkrankheiten, welche ebenfalls zu den primären Demenzen gehören, sind beispielsweise die Creutzfeldt- Jakob- Krankheit, die Parkinson Demenz und die Lewy-Körper- Demenz. Die primären Demenzen werden allerdings noch weiter in neurodegenerative und vaskuläre Demenzen unterteilt. Vaskuläre Demenzen treten in 15 bis 20 Prozent der Fälle auf und sind nach der Alzheimer- Demenz die am stärksten verbreitete Demenzform (vgl. Dal-Bianco/ Schmidt 2008, S.118).

Unter einer vaskulären Demenz versteht man eine gefäßbedingte Demenz. Bei den Betroffenen liegt eine ständige Durchblutungsstörung im Gehirn vor und dadurch bekommen gewisse Hirnareale nicht mehr eine ausreichende Nährstoff- und Sauerstoffversorgung, was zur Folge hat, dass Nervenbahnen beeinträchtigt werden. Ursachen für eine vaskuläre Demenz können ein zu hoher Blutdruck, kleine, oder unbemerkte Schlaganfälle, Rauchen, Diabetes und Alkoholkonsum sein. Leider wird die vaskuläre Demenz erst recht spät erkannt, weil die gesunden Gehirnbereiche für einige Zeit die geschädigten Teile des Gehirns kompensieren können. In manchen Fällen tritt die vaskuläre Demenz zusammen mit der Alzheimer- Demenz auf. Jedoch gibt es einen großen Unterschied zur Alzheimer- Demenz, weil die vaskuläre Demenz oft in Schüben auftritt, während die Alzheimer-Krankheit stetig voranschreitet.

Sekundäre Demenzen kommen in nur circa 10 Prozent der Fälle vor und treten wesentlich seltener als die primären Demenzen auf. Hierbei liegt die Ursache der Erkrankung nicht im Gehirn, sondern sie tritt in Folge einer anderen Erkrankung, wie zum Beispiel Tumore, Hirnblutungen oder Herz- Kreislauf-Krankheiten, auf. Im Gegensatz zu den primären Demenzen sind die sekundären Demenzen oft heilbar, da man mit einer Behandlung der Grunderkrankung die Leistungsfähigkeit des Gehirns normalisieren beziehungsweise verbessern kann (vgl. Frohn/Staack 2012, S.46).

2.2 Diagnose einer Alzheimer-Demenz

Eine Demenz macht sich schleichend bemerkbar. Jahre vor den ersten Anzeichen der Alzheimer-Krankheit beginnt im Gehirn der Patienten und Patientinnen der Abbau von Nervenzellen, der lange Zeit äußerlich nicht bemerkbar ist. Erste Anzeichen einer Demenz-Erkrankung werden häufig von den Angehörigen und Bekannten der Betroffenen bemerkt. So sind das Nachlassen des Denkvermögens, Wortfindungsstörungen, zeitliche- und örtliche Orientierungsstörungen, Antriebslosigkeit und Stimmungsschwankungen meist typische erste Anzeichen einer Demenz-Erkrankung. Ein ebenfalls signifikantes Signal ist, dass die Betroffenen im Alltag erhebliche Probleme beim Meistern von Routineaufgaben, wie zum Beispiel dem Kochen, Putzen, oder der Körperpflege haben. Wenn jene Signale schon länger als sechs Monate vorliegen, sich häufen, oder immer schlimmer werden, sollten die Angehörigen der Betroffenen diese Warnsignale ernst nehmen, nicht mit Uneinsichtigkeit reagieren und im nächsten Schritt einen ärztlichen Termin vereinbaren.

Der Arzt/ die Ärztin beginnt mit einer Anamnese, in der er/sie sowohl die Betroffenen, als auch die Angehörigen zur Krankheitsgeschichte befragt. Das heißt, dass sich der Arzt/ die Ärztin über die geistigen Veränderungen und auftretende Beschwerden erkundigt. Das Gespräch mit den Angehörigen ist deshalb so wichtig, weil die Erkrankten sich ihren Veränderungen oftmals nicht bewusst sind, oder ihre Erkrankung herunterspielen, weil sie sich schämen. Bestätigt sich der Verdacht einer Alzheimer-Demenz, wird der Patient/ die Patientin zu einem Facharzt/ einer Fachärztin weitergeleitet.

Darauf folgen verschiedene psychiatrische, psychosoziale und neuropsychologische Tests, um die Lebensverhältnisse und die Psyche des Betroffenen/der Betroffenen zu analysieren. Unter neuropsychologischen Tests versteht man verschieden Analysen und Tests, welche die Sprache und das Gedächtnis untersuchen und somit Rückschlüsse auf die Leistung des

Gehirns geben. Ein sehr bekannter neuropsychologischer Test ist der sogenannte Uhrentest. Bei diesem klassischen Demenztest werden die Patienten/ Patientinnen aufgefordert eine Uhr zu zeichnen und die Zeiger auf eine bestimmte Uhrzeit einzuzeichnen. In den meisten Fällen sind die Erkrankten bei diesem Test nicht einmal mehr in der Lage die Uhr richtig zu nummerieren, geschweige denn die Zeiger auf eine bestimmte Uhrzeit zu stellen. In Folge des Uhrentest wird auch häufig der MMST- Test durchgeführt. Der Mini-Mental Status-Test überprüft die Hirnfunktionalität anhand eines Fragebogens. Besonders geprüft werden das Gedächtnis, die Aufmerksamkeit, das Sprachvermögen und die zeitliche und räumliche Orientierung.

Neuropsychologische und psychiatrische Untersuchungen werden deshalb benötigt, um eine Depression auszuschließen. Dies ist wichtig, weil es auch eine sogenannte „Pseudo-Demenz" gibt. Unter einer „Pseudo-Demenz" versteht man, dass sich depressive Menschen oft für dement halten, obwohl sie eigentlich an einer Depression leiden. Im Gegensatz zu den Patienten/ Patientinnen, welche wirklich an einer Alzheimer-Demenz erkrankt sind, streiten depressive Menschen ihre angebliche Demenz nicht ab, sondern reden offen darüber und leugnen die angebliche Demenzerkrankung nicht. Tatsächlich treten in diesem Fall auch Störungen des Denkvermögens auf, jedoch verschwinden diese wieder, wenn man die Depression jener Menschen richtig behandelt (vgl. Maier u.a. 2010, S.61).

Desweiteren erfolgen Untersuchungen des Gehirns durch ein Elektronenzephalogramm, einer Computertomographie, einer Magnetresonanztomographie und einer sogenannten Positron-Emissions-Tomografie. Diese Methoden nennt man bildgebende Verfahren. Bildgebende Verfahren sind von enormer Wichtigkeit, weil sie genaue Bilder des Gehirns liefern.

Durch das Elektronenzephalogramm werden die Gehirnströme gemessen, wodurch man Informationen über die Funktion und die Leistungsfähigkeit der Nervenzellen erhält.

Bei der Computertomographie werden durch Röntgenstrahlen haargenaue, dreidimensionale Aufnahmen der Gehirnstruktur gemacht, um somit Abnormen zu erkennen und andere Ursachen, wie zum Beispiel einen Schlaganfall, oder sekundäre Demenzen, auszuschließen.

Die Magnetresonanztomographie ist ähnlich wie die Computertomographie. Sie liefert ebenfalls Bilder des Gehirngewebes und kann Durchblutungsstörungen sichtbar machen, woraus sich dann eine vaskuläre Demenz diagnostizieren lässt. Die

Magnetresonanztomographie erfolgt jedoch nicht durch Röntgenstrahlen, sondern durch ein Magnetfeld und bietet dadurch eine genauere Auflösung der Gehirnareale, deshalb zieht man heutzutage die Magnetresonanztomographie der Computertomographie vor.

Bei der Positron-Emissions-Tomografie, kurz PET, wird eine geringe radioaktive Substanz in die Blutbahn der Erkrankten gegeben, die Veränderungen im Gehirn vorzeigt. Ein PET ist besonders in der Frühphase der Krankheit wichtig, weil es sehr schnelle und genaue Ergebnisse zeigt.

Steht dann die Diagnose einer Alzheimer-Demenz fest, so werden gleich Medikamente, sogenannte Antidementiva, verschrieben. Sie können die Krankheit zwar nicht heilen, ihren Verlauf jedoch verlangsamen. Ebenfalls verabreichen Ärzte/ Ärztinnen den Alzheimer-Patienten/Patientinnen Psychopharmaka, um Unruhe, Aggressivität und mögliche Depressionen abzuschwächen. Jedoch bringen Antidementiva und Psychopharmaka auch häufig Nebenwirkungen mit sich. Halluzinationen, Schlafstörungen und Herzrhythmusstörungen können die Folge sein.

2.3 Dr. Alois Alzheimer

Die Alzheimer- Demenz wurde nach ihrem Entdecker Dr. Alois Alzheimer benannt. Dr. Alzheimer, Neurologe und Psychiater, wurde im Juni 1864 in Marktbreit am Main geboren, absolvierte 1887 sein Staatsexamen und promovierte darauf in Würzburg. Er fungierte danach als Assistenzarzt, später als Oberarzt, an der Irrenanstalt in Frankfurt am Main. 1901 wurde dort Auguste Deter eingeliefert, die später als erste Alzheimer-Patientin bekannt wurde. Als die 51 jährige Patientin das erste Mal in das Behandlungszimmer von Doktor Alzheimer trat, hatte sie bereits starke Gedächtnisstörungen. Sie konnte ihm lediglich ihren Vornamen sagen. Der Mann von Auguste Deter berichtete Doktor Alois Alzheimer, dass seine Frau einen Verfolgungswahn hätte und ihm gegenüber sehr misstrauisch geworden wäre. Ebenfalls sagte er, dass Frau Deter nicht mehr in der Lage wäre zu kochen und Gegenstände dauernd verlegten würde. Alzheimer hielt jedes einzelne Wort seiner Patientin fest. Zudem untersuchte er ihre Organfunktionen, sprachlichen Fähigkeiten und Reflexe. Diese Untersuchungen wiederholte Dr. Alzheimer regelmäßig, um Veränderungen festzustellen und zu beobachten. 1903 wurde Doktor Alzheimer von dem Psychiater Emil Kraepelin in die Nervenanstalt der Universität München berufen. Dort übernahm er die Leitung des anatomischen Laboratoriums. Auguste Deter betreute er allerdings weiterhin. Im

April 1906 verstarb Frau Deter und bei ihrer Obduktion ergaben sich erstaunliche Ergebnisse. Die Gehirnrinde der Verstorbenen war dünner als bei gesunden Menschen und weite Teile, vor allem jene, die für das Gedächtnis, die Orientierung und das Gefühlsleben zuständig sind, waren stark verändert. Zudem entdeckte Alois Alzheimer „hirsekerngroße Herdchen in der Hirnrinde", die sich auf „Einlagerungen eines eigenartigen Stoffes" (Frohn/Staack 2012, S.50, zit. nach Alzheimer o.J.)zurückführen ließen. Heute wird dieser Stoff Plaques genannt. Plaques sind, wie vorher schon beschrieben, Ablagerungen eines Eiweißes, genannt Amyloid. Außerdem entdeckte Alzheimer sogenannte Fibrillen, die ebenfalls nach Alois Alzheimer benannt sind. Anhand dieser Befunde konnte jedoch keine Diagnose gestellt werden, weil es die Alzheimer- Krankheit zu diesem Zeitpunkt ja noch nicht als Krankheitsbild gab. Die Entdeckung von Alois Alzheimer wurde von seinen Kollegen/Kolleginnen zur Kenntnis genommen und zu den Akten hinzugefügt.

Alois Alzheimer verstarb im Dezember 1915 und für lange Zeit geriet der Fall von Auguste Deter in Vergessenheit. Erst in den 1980er Jahren, als sich die Anzahl der Alzheimer- Kranken vervielfachte, beschäftigte sich die Wissenschaft wieder aktiv mit der Alzheimer-Krankheit.

Seit der ehemalige US-amerikanische-Präsident Ronald Reagan sich im Jahr 1994 öffentlich dazu äußerte an einer Alzheimer-Demenz erkrankt zu sein, hat die Alzheimer-Krankheit somit auch in der Öffentlichkeit großen Bekanntheitsgrad erreicht. Ein weiteres prominentes Opfer der Alzheimer-Krankheit war Englands eiserne Lady Margaret Thatcher, die vor kurzem verstarb (vgl. Lakotta, 2010, S. 7ff.).Ebenfalls wurde bekannt, dass der ehemalige Fußballspieler Rudi Assauer an der Alzheimer-Demenz erkrankt ist. Die deutschen Medien berichteten ausführlich darüber.

3 Stadien und Verlauf

Die Alzheimer-Demenz wird in drei Stadien eingeteilt: das erste, das zweite und das dritte Stadium. Oft nennt man diese Stadien auch Anfangsstadium, Mittelstadium und Endstadium. Viele Angehörige und Betroffene fragen sich, wie lange der Verlauf einer Demenz ist. Generell ist zu erwähnen, dass es sich nicht voraussagen lässt, wie lange jedes einzelne Stadium dauert, da die Krankheit bei jedem Patienten/ jeder Patientin individuell verläuft. Durchschnittlich geht man von drei Jahren pro Krankheitsstadium aus. Anfangs schreitet die Krankheit etwas langsamer voran, im Laufe der Zeit dann etwas schneller.

Doch bevor das erste Stadium der Alzheimer-Demenz beginnt, besteht das Krankheitsbild meist noch aus einem Vorstadium. Das sogenannte MCI (Mild Cognitive Impairment), zu Deutsch eine leichte kognitive Störung, ist ein autonomes Krankheitsbild. Unter einer MCI versteht man eine Vergesslichkeit, die das gesunde Maß einer normalen Altersvergesslichkeit überschreitet, jedoch auch nicht den Schweregrad einer Demenz erfasst. Eine leichte kognitive Störung lässt sich durch verschiedene medizinische Testverfahren ermitteln und bestätigen. Wenn eine Person an einer leichten kognitiven Störung erkrankt ist, bedeutet dies jedoch nicht automatisch, dass die Person im weiteren Krankheitsverlauf eine Alzheimer-Demenz entwickelt, wobei das Risiko jedoch höher ist, als bei gesunden Gleichaltrigen. Man geht davon aus, dass rund 25 Prozent der älteren Personen an einer MCI leiden und davon später circa 15 Prozent an einer diagnostizierbaren Demenz leiden (vgl. Frohn/Staack 2012, S.32).

Bei einer Alzheimer-Demenz treten Störungen des Gedächtnisses, der emotionalen Kontrolle und des Denkvermögens auf. Wie stark jene drei Bereiche betroffen sind, hängt von den unterschiedlichen Stadien einer Alzheimer-Demenz ab.

3.1 Erstes Stadium

Das erste Stadium ist wahrscheinlich das schwierigste Stadium, da die Betroffenen dort die Leistungsabnahme ihres Gehirns noch sehr genau wahrnehmen können. Im Anfangsstadium ist vor allem das Kurzzeitgedächtnis beeinträchtigt. Das heißt, dass die Betroffenen Wortfindungs- und Sprach-Störungen haben, sich mangelhaft präzise ausdrücken, Sätze oft mehrmals wiederholen und sich an eben Gesagtes nicht gut erinnern können. Das liegt daran, dass der Hippocampus, jener Teil des Gehirns, der für die Verarbeitung und Speicherung neuer Informationen wichtig ist, am schnellsten abstirbt. Wortfindungsstörungen können auch bei gesunden alten Menschen auftreten. Aber wenn jemandem einmal ein Wort nicht einfällt, heißt dies nicht automatisch, dass man an einer Demenz erkrankt ist. Häufen sich die Wortfindungsstörungen und Aphasien, also Sprachstörungen, jedoch drastisch, so kann man mit großer Wahrscheinlichkeit an einer Erkrankung der Alzheimer-Demenz rechnen. Im ersten Stadium sind die Symptome oft nicht gleich erkennbar, da viele Betroffene ihre leichte Vergesslichkeit und Konzentrationsschwäche noch über einen längeren Zeitraum kompensieren können. Schon im Anfangsstadium der Alzheimer-Demenz ist zu erkennen, dass sich die Betroffenen aus ihrem sozialen Umfeld zurückziehen und sich eher teilnahmslos und passiv verhalten, weil sie sich wegen ihrer Vergesslichkeit schämen und ihre Fehlleistungen bewusst miterleben. Dies führt zu Unsicherheit, Wutanfällen, Verzweiflung und häufig auch zu Anzeichen einer Depression, wodurch die Gefahr eines Suizids im ersten Stadium am größten ist. Viele der Alzheimer-Patienten und Patientinnen sind aggressiv und greifen ihre Mitmenschen verbal an, weil sie sich hilflos und ausgeliefert fühlen.

3.2 Zweites Stadium

Im zweiten Stadium ist das Krankheitsbild schon so ausgeprägt, dass die Betroffenen ihren Alltag nur noch mit massiven Einschränkungen alleine meistern können. Es kommt zu deutlichen Orientierungsstörungen, auch in vertrauten Umgebungen, zunehmender Unruhe und Verhaltensauffälligkeiten. Dazu gehören das Vergessen bekannter Namen oder Gesichter, das Verlieren des Zeitbewusstseins und planloses Umherirren. Ebenso leiden die Erkrankten an Schlafstörungen, weil ihr Tag-Wach-Rhythmus gestört ist. Das planlose Umherirren geschieht meist, weil die Betroffenen nervös sind und eine innere Unruhe verspüren. Ebenso kann es zur falschen Wahrnehmung von Impressionen, sprich Halluzinationen, kommen. Das heißt, dass die Erkrankten Personen und Gegenstände sehen, welche nicht anwesend sind. Eine besonders oft durchlebte Situation bei den Erkrankten ist, dass sie behaupten von einem Angehörigem/einer Angehörigen bestohlen worden zu sein. Sollte es zu dieser Situation kommen, so ist es wichtig, dass man Auseinandersetzungen mit den Patienten/ Patientinnen vermeidet und sie in ihrem Glauben lässt.

Zudem ist eine große Konzentrationsschwäche bei den Betroffenen festzustellen. Dies zeigt sich zum Beispiel, wenn sich der/die Erkrankte mit vielen anderen Personen in einem Raum befindet und mehrere Personen gleichzeitig reden, denn hiermit werden zu viele Informationen auf einmal weitergegeben, welche vom Gehirn nicht mehr verarbeitet werden können und den Erkrankten/die Erkrankte stark überfordern. Das Kurzzeitgedächtnis verschlechtert sich also immer mehr, allerdings ist das Langzeitgedächtnis der Betroffenen oftmals noch gut vorhanden und so kann es vorkommen, dass der/die Betroffene teilweise in der Vergangenheit lebt und durchlebte Geschichten immer und immer wieder erzählt. Außerdem entwickeln die Betroffenen eine

Persönlichkeitsveränderung und nehmen sich selbst und ihre Umwelt verzerrt wahr. So kann es geschehen, dass sich die Alzheimer-Patienten/Patientinnen manchmal als vollkommen geistig gesund betrachten und Hilfe ablehnen. Es kann auch passieren, dass Alzheimer-Erkrankte das Verhalten ihrer Mitmenschen noch sehr genau wahrnehmen und kritisieren, obwohl deren Verhalten sicher passender und vernünftiger ist, als jenes der Erkrankten.

3.3 Drittes Stadium

Im dritten Stadium sind die Betroffenen nicht mehr fähig ihr Leben ohne fremde Hilfe zu meistern, sodass sie von ihren Angehörigen oder einem Pflegepersonal vollständig abhängig sind. Vertraute Personen, wie zum Beispiel die eigenen Kinder oder der Ehepartner/die Ehepartnerin, werden nicht mehr erkannt und die Kontrolle über Blase und Darm geht verloren. In diesem Stadium werden fast alle Betroffenen bettlägerig und es treten Schluckstörungen auf, wodurch die Nahrungsaufnahme schwierig, wenn nicht sogar unmöglich wird, was in den meisten Fällen eine Sonden-Ernährung zur Folge hat. Falls der/die Alzheimer-Erkrankte keine Patientenverfügung ausgefüllt hat, muss seine/ihre Familie entscheiden, ob der Patient/ die Patientin durch künstliche Nahrung weiter am Leben erhalten wird, oder er/sieverhungern soll. Jedoch ist es zu erwähnen, dass es für den Erkrankten/die Erkrankte nicht qualvoll ist, da viele Alzheimer-Patienten/ Patientinnen kein Verlangen mehr nach Nahrung verspüren und der Körper auch schmerzstillende und angstlösende Hormone ausschüttet. Das heißt, dass der/die Betroffene nicht verhungern und viele Schmerzen ertragen muss, sonder mit der Zeit einfach aufhört zu atmen. Wenn man sich für eine Sonden-Ernährung entscheidet, könnte man dies auch als eine Verlängerung des Leidens bezeichnen. Zudem weiß man nicht, ob der Patient/ die Patientin durch eine Sonden-Ernährung länger lebt, weil die Nahrung nicht maßgebend zum Weiterleben beiträgt und häufig auch Infektionen wegen der Sonde auftreten.

Leider können sich die Betroffenen auch nur mehr sehr in geringem Ausmaß verbal ausdrücken, weshalb man als Angehöriger verstärkt auf nonverbale Kommunikation, also Nähe und emotionale Zuwendung setzen soll. Die Lebenserwartung von Alzheimer-Patienten/ Patientinnen ist im Gegensatz zu gesunden Personen im selben Alter verkürzt, jedoch kann man nicht direkt an der Alzheimer- Demenz sterben. Durch den allgemein schlechteren Gesundheitszustand und durch ihre Bettlägerigkeit sind die Erkrankten sehr empfänglich für Infektionen, weshalb die Todesursache der meisten Betroffenen dann eine Lungenentzündung, ein Herzinfarkt oder ein Schlaganfall ist.

4 Kommunikation mit Alzheimer-Kranken

Mit Alzheimer-Patienten/Patientinnen kann man natürlich nicht mehr auf jener Ebene kommunizieren, wie man es bei geistig gesunden Menschen macht, denn Alzheimer-Erkrankte leben häufig in ihrer Vergangenheit. So kann es passieren, dass sich zum Beispiel eine 80 Jahre alte Dame plötzlich wieder als 35 Jährige Mutter zweier Kinder wahrnimmt, oder ein pensionierter Herr auf einmal meint, dass er noch als Tischler tätig ist und sofort zurück in seine Werkstatt muss. Zudem verstehen Alzheimer-Patienten/ Patientinnen komplexe Inhalte eines Gespräches nicht mehr gut und können einem Gespräch mit langen und verschachtelten Sätzen kaum folgen. Ebenfalls sollte man Sarkasmus vermeiden, da dieser von den Erkrankten nicht mehr verstanden wird.

Bei der Kommunikation mit Alzheimer-Patienten/ Patientinnen muss man sich ebenfalls bewusst sein, dass die Erkrankten eine andere Wahrnehmung der Realität haben. Das Gespräch mit den Betroffenen erfordert viel Geduld und Offenheit seitens der Angehörigen, beziehungsweise der Betreuer/ Betreuerinnen, da die Erkrankten ihre Gefühle offen und ungefiltert übermitteln. Die betreuenden Personen müssen beim Umgang und der Kommunikation mit Alzheimer-Patienten/Patientinnen also vieles berücksichtigen und akzeptieren. So müssen sie zum Beispiel lernen mit aggressiven, halluzinierenden und sich ständig wiederholenden Personen richtig umgehen zu können. Wichtig ist, dass die Angehörigen die Würde des Patienten/ der Patientin wahren und ihn/ sie nicht ändern wollen.

Einige grundlegende Fehler, die man bei der Kommunikation und dem Umgang mit Alzheimer-Kranken machen kann, sind zum Beispiel, dass man mit Ungeduld auf die Betroffenen reagiert und sie somit stresst. Durch Stresssituationen werden die Erkrankten schneller reizbar und aggressiv, was unbedingt vermieden werden sollte. Zudem darf man die Erkrankten nicht ignorieren und man sollte sie nicht ausgrenzen, weil man ihnen damit ein Gefühl übermittelt, unerwünscht und überflüssig zu sein. Wenn man versucht die Erkrankten in ihren Aussagen zu verbessern und über Schuldfragen diskutiert, beraubt man sie ihrer eigenen Realität und die Alzheimer-Erkrankten reagieren daraufhin verwirrt und verzweifelt- häufig auch aggressiv. Es wirkt sich auch negativ aus, wenn man als Betreuungsperson nicht auf die verbale und die nonverbale Kommunikation achtet. Achten die Betreuungspersonen zum Beispiel nicht auf den Augenkontakt, so fühlen sich die Patienten/Patientinnen nicht direkt angesprochen. Wenn die Betreuungspersonen in verschachtelten Sätzen sprechen, können die Erkrankten ihren Worten kaum noch folgen. Hierbei ist es wichtig, dass man auf eine vereinfachte Kommunikation Wert legt. Allerdings wäre es auch falsch, wenn man dazu neigt, die Erkrankten wie Kinder zu behandeln und mit ihnen in der Babysprache spricht.

Um solche Fehler zu vermeiden, gibt es eine Reihe von unterschiedlichen Kommunikationsmethoden und Theorien um mit geistig retardierten Personen zu kommunizieren.

Eine davon ist die sogenannte Validation, welche von Naomi Feil entwickelt wurde.

4.1 Kommunikationsmodell der Validation nach Naomi Feil

Die Sozialarbeiterin und ehemalige Schauspielerin Naomi Feil wurde 1932 in München geboren. Weil ihre Eltern jüdischer Abstammung waren und zur Zeit des Nationalsozialismus in Deutschland nicht mehr sicher waren, wanderte Naomi Feil 1936 mit ihren Eltern nach Ohio, Amerika, aus, wo sie in einem Pflegeheim für alte Menschen aufwuchs. Von 1963 bis 1980 entwickelte Naomi Feil das Konzept der Validation, da sie bemerkt hatte, dass das Realitäts-Orientierungs-Training, kurz ROT, welches von den Psychiatern Taulbee und Folsom entwickelt wurde, bei dementen Menschen zu Aggressivität führte (o.V. 2012).

Das Realitäts-Orientierungs-Training ist der genaue Gegensatz zur Validation, denn hier versucht man bewusst die Alzheimer-Erkrankten in die Realität zurück zu holen. Dies geschieht vor allem dadurch, dass man die Betroffenen immer wieder mit der Gegenwart konfrontiert und ihnen somit zum Beispiel wieder und wieder mitteilt, welcher Tag gerade ist, oder dass sie gar nicht mehr arbeiten, sondern schon lange pensioniert sind (Bortmann o.J.).

Der Begriff Validation leitet ich von dem lateinischen Wort „valere" ab, das so viel wie „wert sein" bedeutet(o.V. 2014).Validation heißt also Wertschätzung und bietet die Möglichkeit mit dementen Personen leichter in Kontakt zu treten. Besonders wichtig bei der Validation ist, dass man die Gefühle und die Lebenswelt der Alzheimer-Kranken akzeptiert und berücksichtigt und man respektvoll und aufrichtig mit den Betroffenen umgeht. Die Betreuer/ Betreuerinnen sollten auch im Stande sein, Gefühle mit den Klienten zu teilen. Außerdem ist es von Vorteil, wenn die Betreuer/ Betreuerinnen Informationen über das Leben der Patienten/ Patientinnen sammeln, um somit mit ihnen leichter in Kontakt zu treten. Durch die Biographie-Arbeit sind auch bestimmte Verhaltensweisen von den Erkrankten leichter verständlich. Hat man sich nämlich über das Leben des Klienten/ der Klientin informiert, schafft dies eine intensivere Beziehung zwischen dem Pflegepersonal und den Erkrankten und die Betreuer/Betreuerinnen wissen durch die Biographie-Arbeit dann auch besser über die Bedürfnisse der Patienten/ Patientinnen bescheid.

Einige Grundansichten der Validation bezüglich des zwischenmenschlichen Umgangs sind, dass alle Menschen wertvoll sind und als Individuen behandelt werden sollen, dass es für jedes Verhalten eines Alzheimer-Kranken- Menschen einen Grund dafür gibt, dass man alte verwirrte Menschen nicht dazu zwingen kann ihr Verhalten zu ändern, und dass man die Betroffenen so akzeptieren soll wie sie sind, ohne sie zu beurteilen. Validation setzt also ein hohes Maß an Akzeptanz und Empathie voraus.

Ziel der Validation nach Naomi Feil ist es, dass man das Wohlbefinden und Selbstwertgefühl der Erkrankten verbessert, ihren Stress reduziert, sie wertschätzt, die Würde der Alzheimer-Patienten/Patientinnen bewahrt, ihren Rückzug aus der Gesellschaft verhindert und die Betroffenen dabei unterstützt, die ungelösten Lebensaufgaben oder Probleme und Konflikte in deren Vergangenheit zu meistern (vgl. Feil 2010, S.44ff.).

Naomi Feil hat ihr Konzept der Validation in 4 Phasen aufgeteilt, in welchen der Verfall des Körpers und des Geistes immer zunimmt:

In der ersten Phase der Validation, auch mangelnde Orientierung genannt, haben die Betroffenen noch einen Bezug zur Realität, sind sich jedoch ihren zunehmenden Gedächtnisschwundes bewusst. Die Betroffenen leugnen oft ihre Gefühle, ihr Blick ist wach, ihre Stimme kann schroff und manchmal auch weinerlich sein, doch die Kommunikation erfolgt noch einigermaßen klar. Hierbei rät Feil den Betreuern/Betreuerinnen, den Erkrankten sachliche Fragen zu stellen, Berührungen nur selten einzusetzen und den Betroffenen respektvoll gegenüberzutreten.

In der zweiten Phase der Validation, die sogenannte Zeitverwirrtheit, haben die Betroffenen kein Zeitgefühl mehr und fangen an Namen, ihnen bekannter Personen, zu vergessen. Die Augen wirken klar, der Blick ist jedoch gesenkt und nicht auf etwas Bestimmtes gerichtet. Auch die Kommunikation verändert sich, indem die Betroffenen vermehrt Wortfindungsstörungen haben. In dieser Phase rät Feil den Betreuern/Betreuerinnen Berührungen und Augenkontakt gezielt einzusetzen, denn dadurch fühlen sich die Betroffenen direkt angesprochen und wahrgenommen.

In der dritten Phase der Validation, von Feil als Sich-wiederholende-Bewegungen bezeichnet, leben die Betroffenen vermehrt in ihrer eigenen Welt. Sie verlieren ebenso allmählich die Kontrolle über ihren Stuhlgang, haben eine vorgebeugte Körperhaltung, halten ihre Augen geschlossen und kommunizieren nur mehr mit wenigen Wörtern, beziehungsweise nur noch nonverbal. Die Erkrankten zeigen ihre Gefühle jedoch offen und lachen leicht, wenn auch ohne Anlass. In der dritten Phase können die Betreuer/Betreuerinnen, wie auch schon in der zweiten Phase, gezielt auf Berührungen und Augenkontakt setzen. Ebenfalls ist es hilfreich, wenn die Betreuungspersonen die Gefühle und Bewegungen der Klienten/Klientinnen spiegeln. Was genau man unter dem Spiegeln bezeichnet, wird im darauffolgenden Abschnitt beschrieben.

Die vierte Phase der Validation bezeichnet Feil auch als das Vegetieren, denn in diesem Stadium erkennen die Alzheimer-Erkrankten bekannte Gesichter nicht mehr, sprechen nicht mehr, halten ihre Augen geschlossen oder schauen ins Leere und haben eine geringe Mimik. Feil rät den Betreuern/ Betreuerinnen in der vierten Phase Musik und Berührungen zu verwenden, da die Betroffenen zeitweilig auf Gesang und Berührungen reagieren (vgl. Feil 2010, S.54f.).

Es gibt verschiedene Techniken der Validation, welche sich für die verschiedenen Phasen einsetzen lassen. So zum Beispiel sollte man im Umgang mit Alzheimer-Patienten/Patientinnen in der ersten Phase immer eindeutige Wörter verwenden(verschachtelte Sätze und Sarkasmus und Ironie vermeiden) und in kurzen Sätzen reden. Das heißt auch, dass das Pflegepersonal beziehungsweise die Angehörigen Tatsachenfragen stellen sollen. Unter Tatsachenfragen versteht man die sogenannten W-Fragen. Also: Wer? , Wo? , Was? , Wann? , Wie? , aber man sollte die Betroffenen nie nach dem Warum, also dem Motiv einer Tätigkeit, fragen. Wenn man sie fragt, warum sie etwas gemacht haben, sind die Erkrankten mit dieser Frage stark überfordert, denn die Patienten/ Patientinnen wissen oftmals nicht mehr weshalb etwas geschehen ist. Besonders im ersten Stadium der Alzheimer-Krankheit kann man bei der Validation auch die Technik des Erinnerns einsetzen, denn im Anfangsstadium erinnern sich die Betroffenen noch recht gut an ihr Leben und wenn man sich über die Vergangenheit des/der Alzheimer-Erkrankten erkundet, schafft dies eine intensivere Beziehung zwischen dem Validierenden und dem/der Erkrankten.

Eine weitere Technik ist das sogenannte Umformulieren, das in der ersten und zweiten Phase sehr hilfreich sein kann. Beim Umformulieren geht es darum, dass die Betreuungsperson das Gesagte des/der Alzheimer-Erkrankten in eigenen Worten nochmals wiedergibt und dabei die gleichen Schlüsselwörter wie der Klient/ die Klientin verwendet, denn die Betroffenen fühlen sich erleichtert und bestätigt, wenn man ihr Gesagtes nochmals wiedergibt.

In der Phase der Zeitverwirrtheit, also in der zweiten Phase, fühlen sich die Betroffenen sicherer und geliebter, wenn man mit ihnen in engem Augenkontakt kommuniziert, da man dadurch Anteilnahme ausdrückt und ihre Angst kleiner wird.

Besonders wichtig ist es auch, dass man mit den Betroffenen liebevoll und geduldig spricht, denn durch ein ungeduldiges und unfreundliches Verhalten, beziehungsweise Sprechen, fühlen sich demente Menschen angegriffen und werden infolgedessen zornig oder verhalten sich passiv.

Alzheimer-Erkrankte in Phase zwei oder drei zeigen ihre Gefühle oftmals ohne Scheu und genau in dieser Phase kann die validierende Person besser mit den Betroffenen in Verbindung treten und einen vertrauensvollen Umgang schaffen, wenn er/sie die Emotionen, die Körperhaltung und die Bewegungen der erkrankten Person beobachtet und nachahmt. Diese Methode bezeichnet Feil als das Spiegeln.

Eine weitere Technik, die in der zweiten, dritten und vierten Phase verwendet werden soll ist das Berühren. Je schlimmer das Krankheitsbild wird, desto wichtiger ist es mit den Betroffenen nonverbal, also durch Berührungen und gezieltem Augenkontakt, zu kommunizieren und ihnen somit Aufmerksamkeit zu schenken. Hierbei ist zu erwähnen, dass jeder Patient/ jede Patientin anders auf Berührungen reagiert, denn oftmals haben manche Erkrankten auch den Wunsch nach Abstand.

Eine andere Validations-Methode ist das Einsetzen von Musik in der Pflege. In der dritten und vierten Phase geht die Sprachfähigkeit meist verloren, doch alt bekannte Lieder, wie zum Beispiel alte Schullieder oder Schlager sind im Gedächtnis der Erkrankten noch vorhanden und können abgerufen werden. Durch diese Methode fördert man die Beziehung zu den Alzheimer-Patienten/Patientinnen und die Erkrankten gewinnen dadurch auch wieder neue Energie (vgl. Feil 2010, S.56ff.).

Die nun oben genannten Konzepte sind einige von vielen Theorien von Feil, die jedoch schon etwas veraltet sind und durch Nicole Richard und ihr Konzept der Integrativen Validation verbessert wurden.

4.2 Kommunikationsmodell der Integrativen Validation nach Nicole Richard

Die Integrative Validation nach Nicole Richard ist ebenfalls eine Kommunikationsmethode, die den Umgang mit geistig retardierten Personen erleichtern soll und eine Weiterentwicklung der Validation nach Naomi Feil. Begründerin der Integrativen Validation ist die Diplom-Pädagogin und Diplom-Gerontopsychologin Nicole Richard. Nicole Richard wurde 1957 in Deutschland geboren und führte das Institut für Integrative Validation in Kassel. Durch ihr Bemühen entwickelte sich in den 1990er-Jahren die Integrative Validation als praxisorientierter Ansatz in der Betreuung dementer Personen. Nicole Richard verstarb am 11. Juli 2014 an einer unerwarteten Hirnblutung im Alter von nur 57 Jahren (Richard 2014).

Die Integrative Validation beinhaltet auch Methoden von anderen Kommunikationsmodellen, wie zum Beispiel der Milieutherapie. Bei der Milieutherapie versucht man die soziale und die reale Umwelt an die Wahrnehmung und die Realität der Erkrankten anzupassen (o.V. 2014).

Der größte Unterschied zu Validation nach Feil ist, dass Nicole Richard anerkannte, dass die Alzheimer-Demenz eine hirnorganische Krankheit ist. Das heißt auch, dass sich die Integrative Validation nicht der Aufarbeitung ungelöster Probleme der Vergangenheit widmet, sondern sich vor allem auf das Geschehen im Hier und Jetzt konzentriert und das Lebensthema der Erkrankten erarbeitet, was zur Folge hat, dass die Betroffenen nicht so leicht überfordert sind. Ebenfalls verzichtet die Integrative Validation auf die Einteilung nach verschiedenen Stadien und auf die Fragetechniken. Nicole Richard hat also eine Methode entwickelt, welche gegenwartsorientiert ist und sich auf die noch vorhandenen Fähigkeiten und nicht auf die ungelösten Probleme der Alzheimer-Erkrankten konzentriert. Zudem bleibt die Methodik der Integrativen Validation je nach Schweregrad des Krankheitsbildes immer gleich. Gleich wie bei der Validation nach Naomi Feil ist der Grundsatz der Integrativen Validation, dass man die Emotionen der Alzheimer-Erkrankten ernst nimmt und ihnen Empathie entgegenbringt. Somit lässt sich das Pflegepersonal, welches die Integrative Validation anwendet, auf die Welt des Alzheimer-Patienten/ der Alzheimer-Patientin, ein und stärkt somit die Ich-Identität des/der Betroffenen und drückt das Empfinden von Zugehörigkeit aus, was einen Rückzug aus der Gesellschaft vermeiden soll. Ebenfalls werden dadurch unkontrollierte Gefühlsausbrüche vermieden.

Die Integrative Validation stützt sich auf die verbale, das heißt die sprachliche, die nonverbale, also die körperliche und die paraverbale Kommunikation. Unter einer paraverbalen Kommunikation versteht man die Art und Weise wie etwas gesagt wird. Dabei sollten die Betreuungspersonen besonders auf ihre Stimmlage und die Betonung achten. Eine besonders große Wichtigkeit für Nicole Richard hat die nonverbale Kommunikation, denn wenn die Sprache verblasst, wird die nonverbale Kommunikation durch Berührungen umso wichtiger, da sie den Alzheimer-Erkrankten Zuwendung vermittelt.

Ein weiterer wesentlicher Teil der Integrativen Validation ist, dass man die wesentlichen zwei Ressourcen der Alzheimer-Patienten/ Patientinnen versucht zu aktivieren.

Jene zwei Ressourcen sind die Antriebe und die Gefühle. Unter den Antrieben bezeichnete Richard die Persönlichkeit, die Lebensgeschichte und die Werte der Patienten. Die Gefühle der Alzheimer-Patienten/innen hat Nicole Richard so beschrieben, indem sie behauptete, dass die Betroffenen ihre momentane Gefühlslage immer echt und unverfälscht vermitteln. Durch den Ansporn dieser Ressourcen wird den Patienten/Innen ein Gefühl der Wertschätzung entgegengebracht und ebenfalls soll es ihre Selbstständigkeit unterstützen.

Doch wie beginnt man ein Gespräch mit einem Alzheimer-Patienten/ einer Alzheimer-Patientin am leichtesten?

Der erste Schritt ist, dass die Betreuungsperson die Gefühle und die Antriebe des/der Erkrankten wahrnimmt. Im zweiten Schritt kann die Betreuungsperson dann in kurzen und geradlinigen Sätzen validieren und vermittelt dem/der Erkrankten somit ein Gefühl, wahrgenommen und akzeptiert zu werden. Im dritten Schritt rät Nicole Richard mit Sprichwörtern und Redewendungen zu validieren.

Dies lässt sich in einem Beispiel anführen: Es wird angenommen, dass eine an Alzheimer erkrankte Dame an einem Tisch sitzt, vor sich hin singt und Handbewegungen des Strickens macht.

Der Betreuer/die Betreuerin könnte nun die Integrative Validation anwenden, indem er/sie die Dame zum Beispiel folgendermaßen anspricht: „Da sitzt Frau XY", „Frau XY hat schon immer gerne gesungen", „eine begnadete Sängerin", „und sie strickt auch immer viel", „Ohne Fleiß kein Preis", „Frau XY kann sehr schöne Pullover stricken"
Die Betreuungsperson signalisiert der dementen Frau in diesem Beispiel, dass er/sie ihre Gefühle wahrgenommen und erkannt hat. Durch die direkten und kurzen Sätze hat er/sie der Betroffenen das Gefühl gegeben, dass er/sie sie wertschätzt und sogleich wird auch die Ich-Identität der Betroffenen gestärkt. Durch Sprichwörter oder allseits bekannte Phrasen bindet die Betreuungsperson auch Erinnerungen ein und gibt somit ein allgemeines Echo wieder.

Besonders die Integrative Validation, aber auch die Validation, spielt in der Pflege von Alzheimer-Kranken eine große Rolle. Die beiden Kommunikationsmethoden konzentrieren sich auf das Individuum und dessen/ deren Persönlichkeit und versuchen einen Rückzug der Erkrankten aus der Gesellschaft zu vermeiden und ihre Würde zu wahren. Wendet man diese Kommunikationsmethoden in der Praxis an, so hat die sowohl Vorteile für die Erkrankten, als auch für das Pflegepersonal.

5 Schluss

Schlussfolgernd kann man sagen, dass die Alzheimer-Demenz ein sehr komplexes Krankheitsbild darstellt, welches noch nicht wirklich erklärbar und erforscht ist. Außerdem gibt es bis heute, trotz aller Bemühungen der Wissenschaft, noch keine medikamentöse Behandlung, welche die Alzheimer-Demenz stoppt. Allerdings kann man der Demenz vorbeugen, wenn man auf seinen Geist und seinen Körper achtet. Besonders wichtig ist es, dass man die geistig retardierten Personen wertschätzt und nicht versucht ihre Persönlichkeiten zu ändern. Es ist von enormer Wichtigkeit, dass man das „Anderssein" der Patienten und Patientinnen akzeptiert. Hierbei ist vor allem die richtige Kommunikation mit Alzheimer-Kranken relevant. Die beschriebenen Konzepte der Validation nach Naomi Feil und der Integrativen Validation nach Nicole Richard, bieten sowohl den Patienten und Patientinnen, als auch den Pflegern und Pflegerinnen große Vorteile. Meine Arbeit weist keine neuen Erkenntnisse bezüglich der Alzheimer-Krankheit auf, jedoch veranschaulicht sie den Verlauf der Krankheit im Wesentlichen und sie gibt zudem wichtige Informationen über das Krankheitsbild, die Diagnosestellung der Alzheimer-Krankheit und veranschaulicht die richtige Kommunikation mit Alzheimer-Kranken. Dieses Wissen scheint sicherlich für viele Personen relevant und interessant.

Literaturverzeichnis

Bortmann, Cornelius: 3.1 Realitätsorientierungstraining. URL: http://korsakow-syndrom.de/inhalt/31-realit%C3%A4tsorientierungstraining (Zugriff: 17.11.14).

Dal-Bianco, Peter/ Schmidt, Reinhold (2008): Memories. Leben mit Alzheimer. Wien.

Feil, Naomi (2010): Validation in Anwendung und Beispielen. Der Umgang mit verwirrten alten Menschen. 6. Auflage. München.

Frohn, Birgit/ Staack, Swen (2012): Demenz. Leben mit dem Vergessen. Diagnose, Betreuung, Pflege- Ein Ratgeber für Angehörige und Betroffene. Murnau am Staffelsee.

Herzner, Simone: Die Integrative Validation nach Nicole Richard. 2012. URL: http://www.apotheken-umschau.de/Alzheimer/Die-Integrative-Validation-nach-Nicole-Richard-125901_2.html (Zugriff: 29.8.2014).

König, Jutta/ Zemlin, Claudia (2011): 100 Fehler im Umgang mit Menschen mit Demenz und was Sie dagegen tun können. 2. Auflage. Hannover.

Krollner, Björn/ Krollner, Dirk M.: ICD-Code. 2014. URL: http://www.icd-code.de/icd/code/F00.-*.html (Zugriff: 25.8.2014).

Lakotta Beate: Die Reise ins Vergessen- Leben mit Demenz. In: Der Spiegel Wissen 1 (2010) S. 7 ff.).

Lehermayr, Kerstin u.a.: Alzheimer. Demenz vom Alzheimer-Typ, Morbus Alzheimer. 2014. URL: http://www.netdoktor.at/krankheit/alzheimer-7533 (Zugriff: 3.9.2014).

Lehermayr, Kerstin u.a.: Alzheimer Verlauf. 2014. URL: http://www.netdoktor.at/krankheit/alzheimer-verlauf-6790068 (Zugriff: 3.9.2014).

Maier, Wolfgang u.a. (2010): Alzheimer und Demenz verstehen. Diagnose, Behandlung, Alltag, Betreuung. 2. Auflage. Stuttgart.

Müller, Wenzel/ Dal-Bianco, Peter (2014): Alzheimer. Diagnose, Verlauf, Behandlung. Experten und Betroffene berichten. Basiswissen für den Alltag. Wien.

o.V: Milieutherapie. 2014. URL: http://de.wikipedia.org/wiki/Milieutherapie (Zugriff: 17.11.14).

Pape-Raschen, Katja (2012): 100 Fragen zur Kommunikation mit Menschen mit Demenz. Hannover.

Richard, Carlo: Integrative Validation nach Nicole Richard. 2015. URL: http://www.integrative-validation.de/start.html (Zugriff: 25.8.2014).

Wiegele, Britta/ Poulaki, Sophia (2013): Hilfe, ich werde vergesslich! Was Sie für Ihr Gedächtnis tun können und wie man Demenz erkennt. München.